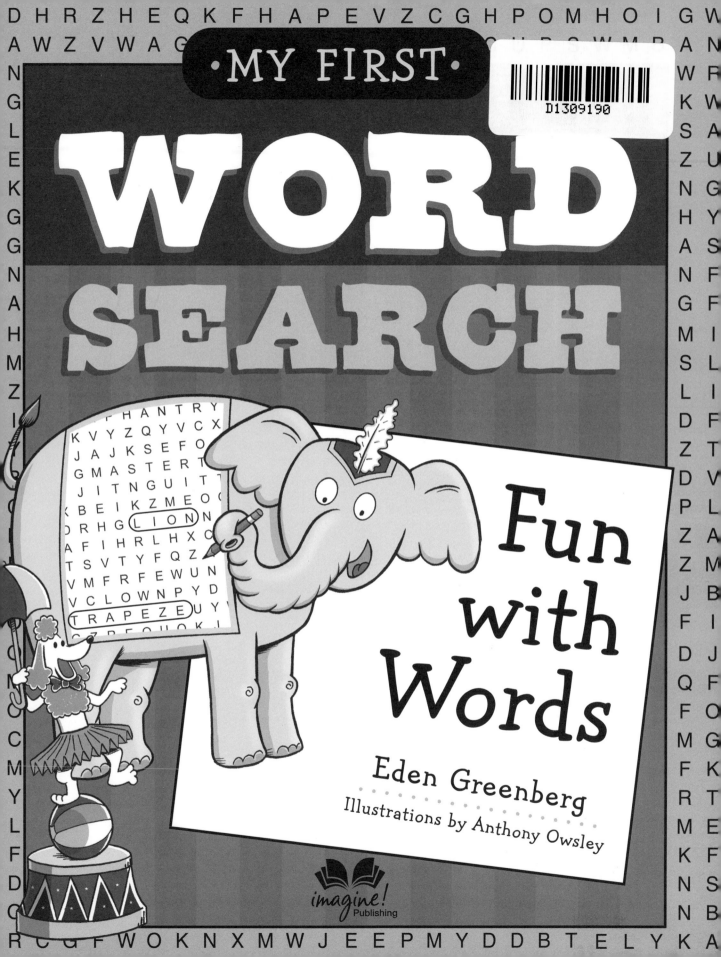

MY FIRST WORD SEARCH

Fun with Words

Eden Greenberg

Illustrations by Anthony Owsley

imagine!
Publishing

An Imagine Book
Published by Charlesbridge
85 Main Street
Watertown, MA 02472
617-926-0329
www.charlesbridge.com

Printed in China

ISBN 13: 978-1-62354-007-4

10 9 8 7 6 5 4

Around the House

```
N X P E B A T H R O O M T
Q P I Q Z S P O R C H L E
X U O U S S T G F Z C U S
N K S D T Q N D H C I S O
Q K F B H Q E I P Z T Q L
D I O E G V M N H B T N C
W T D C A L E I Z E A F T
I C I I R Q S N F Q G Y I
Q H S F A P A G X K V A L
Z E E F G N B R B P I O R
X N L O E B L O H Z E X G
C K D B E D R O O M R K Q
J Z E H W B O M H E Y U A
```

attic   dining room

basement   garage

bathroom   kitchen

bedroom   office

closet   porch

At the Beach

```
A D F Z B Z S F M B C R B
P S V W S N H G U T Q O F
J E B Y A N O G Y B P P F
R A A H N M V N I D J F N
W S L W D E E H A S U N W
P H L G C B L R I K V B S
A E J Y A N E U Z C A E B
I L I K S A B L A N K E T
L L G G T Q O V Y O X Z S
V S O T L O C E A N C R N
K M K Z E W M A A Q R R L
J S V Q G K L O T I O N Y
W H K T J E L L Y F I S H
```

ball	pail
blanket	sand castle
jellyfish	seashell
lotion	shovel
ocean	sun

Baby Animals

```
V N W O B B A S H V K C O
S X B L A M B E P U I H J
F Z F N V J G Y T B D I B
L B Z Z L Q T K E Q C C W
A C O F Z B Q I L A P K G
C W X I Q C Y T G B J R C
C Z J O E Y Y T I Q P V K
M J M N D X O E P D R Z K
Y L L J F I F N K A V D R
N B D L M R X V G Q U L Y
N U Q B H E N Y W A R J G
U C G L E P U P P Y Z M O
B W V F H Z Q O S I N S U
```

bunny   kid

calf   kitten

chick   lamb

cub   piglet

joey   puppy

Baking

```
X R B T E A S P O O N A K
U E B F L O U R S L T K W
B X O X N O Z S V C U P N
L I W F C T R Q A V Q Y C
I M L F B A A T Q T I B Y
J V T D F B H H O V E N R
R O W K L L V J M R O O Q
F O T A U E E K U E R J B
B Z L S T S M I W T K O F
Q W A U P P Q U P T W Y G
P I S G L O O R I U U C V
Y Y N A T O O R H B F E W
A K H R Z N J W D W S T X
```

bowl   oven
butter   salt
cup   sugar
flour   tablespoon
mixer   teaspoon

Bath Time

```
P B L I Y T L P A N F X C
W R S T S D H C U Y M Z E
A T O Y S B G F L D B T A
S J A K T V V S G S T O Y
H D P F Y X P P S E S W H
N G H S N C U L P X H E L
R F A T U B F A H U A L Z
P R G R V U M S L L M O O
U R A C W I Q H B C P P Z
C B U B B L E S Q Y O R S
K O D W Y Y Y E Y N O P M
C B I O Q U W A T E R P L
D U C K I E A R Z I E B S
```

bubbles   towel
duckie   toys
shampoo   tub
soap   wash
splash   water

Birds

```
B H M M K Q S F Q V D A R
L A J X N S E R Z A Y B D
U W C R O W A Q K K R Q T
E K K D N I G J X E A Y Q
B U H N I O U I L T N V W
I F I Q B Z L L X N A O W
R U B L O F L Q J Z C F O
D R L G R B Y G S J J U R
H U M M I N G B I R D Q R
D C C Q N U J K B A N H A
N O I Q G O B D Y S N W P
D O M A D C P A R R O T S
E C W A F L E A G L E G C
```

bluebird   hummingbird

canary   parrot

crow   robin

eagle   seagull

hawk   sparrow

Birthday Party

```
S E R D Y M T A H K S P K
Y K K A U T A B G C E A H
G A M E S W H B T X L R P
M C C A N M Y A N E D T E
Q B P J Z Q A L X D N Y D
I K R L C X D L R I A F U
J P E D H H H O O R C A J
F A S I K T T O K Y V V T
F U E I P C R N Q N X O E
C L N N L P I S T O D R B
Q O T R U W B K A P U S T
B R S E K G I F T B A G S
A P W R S T R E A M E R S
```

balloons	gift bags
birthday hat	party favors
cake	pony ride
candles	presents
games	streamers

Body Parts

```
Y S S Y L Z F D Z S D P B
Q S H E A D H I S B G T N
P Q D W E J Y M O U T H C
T F S P I K L D U Q Y S A
H E N H A N D S R A R M S
M E S J R O U Y F G Z T L
V T Q X K B O L I Z Z O H
D Y K N V V U J N P L E C
A Z H P U N A I G H S N
K L E G S N E U E S O Y D
Q K M U V U A Q R D S U R
J N S M B Z R B S M E V O
O N Y D H G S N L K A C K
```

arms   head

ears   legs

feet   mouth

fingers   nose

hands   toes

Breakfast

```
D Q M I L K A R C S A F B
A C F I K V R Z A I K O A
U E F J D F B T S F T P C
I R Y M U F F I N Y M P O
G E H K O N V R M P O V N
B A G E L G V H C T W Q F
S L O W J U I C E P A G T
O U P V B G S Q X K F T O
U O E A O A E N J C F W A
R V G L P Y I F S K L J S
C O G Y P A N C A K E S T
V P S R E N L R D E S Y D
M O A X S V W C J R I G N
```

bacon   milk

bagel   muffin

cereal   pancakes

eggs   toast

juice   waffles

Candy

```
F C H O C O L A T E T N Z
U D I W Q L Z G A U V T M
B X T A F F Y U A S K J W
U H S C V Q N M E E J E R
B K R A M Q K D C F T L H
P E A N U T B R I T T L E
V S E D U T C O R M F Y S
Z S B Y E L F P O J Q B T
S W Y C X Q K S C R D E O
Z P M A B B P O I I K A H
F P M N B T N D L M C N D
T G U E L H O O J D Z S E
R R G S O U R B E L T S R
```

candy cane   licorice

chocolate   peanut brittle

gumdrops   Red Hots

gummy bears   sour belts

jelly beans   taffy

Clothing

```
Q R C K P I W O K V V J P
K H E H W Q L E Z G S J U
H R D A G T M K X B H N Y
W P B T C J W P Z S O G V
L U M P S W E A T E R B D
K V V S B Z G N Y E T G T
T M S H I R T T C O S F B
S S S O I Y T S J F D X U
O D R E S S U A R B Z G J
C E A S V R J J A C K E T
K A S I S K I R T Q J D B
S L I B A I A U X O D N G
W Z M R M F R R Q W S K W
```

dress   shoes

hat   shorts

jacket   skirt

pants   socks

shirt   sweater

Colors

```
A J O R N P A W R X S U X
I P G R E E N G E T J T R
I Y E L L O W W Q L O L O
B G I C S F G H U Q K I C
R D I M O U S I V I K U O
O F B U P R G T T C L X T
W B L H D R T E Y C P W P
N X U Q O H K P B I I X U
L H E B L A C K K B N B R
B H O R A N G E M F K L P
V Q V Q U Y L F J W Y I L
Y M Z G R O X P W Z F J E
B B K C C W O J M R E D D
```

black   pink
blue   purple
brown   red
green   white
orange   yellow

Dessert

```
H V F T Y J G D H W L A I
G H B V P J M Q B H U P T
C O O K I E B G R I Q U C
J K C E E L W R P P E D A
C H O C O L A T E P O D N
R Z F M B O D R C E N I D
S F H W F C J Q S D I N Y
E U Y Y D S L A W C H G B
K X Q H D Y Y L O R Z E A
I C E C R E A M I E X T R
G I F K P M P Y Z A L W P
A M F R U I T V D M I R F
S F A C C A K E N Q K R A
```

cake   ice cream

candy bar   Jell-O

chocolate   pie

cookie   pudding

fruit   whipped cream

Dinnertime

```
J O H A M B U R G E R F M
G R I L L E D C H E E S E
K L Z X M E A T B A L L S
H H L C F T X E K R N S K
P B U I I I D Z X U X P Y
P P C A S X F A S J C A C
O I K W H D Q D T H H G S
R Z U S S L N V S M I H A
K Z B J T W Z H X U C E E
C A L V I Y E B M Z K T M
H V M A C A R O N I E T Y
O D R Z K Q E M P X N I W
P J O Z S H O T D O G Q J
```

chicken   macaroni

fish sticks   meatballs

grilled cheese   pizza

hamburger   pork chop

hot dog   spaghetti

Dogs

```
D N B U L L D O G U Z H P
Q N G K T Q L D K A V M W
A P D E B C O L L I E L Y
N N P X W D F A B P Z Y O
J S W B E A G L E O V R R
S Z C N J L C L C O Q E K
H V H G O M I W N D I T I
C L A B R A D O R L E R E
Y L R Y R T B X X E U I L
B D T I C I K W A G P E M
T X Z W P A Z P Q F U V A
X C U C P N A E S H G E V
G R E A T D A N E Z P R V
```

beagle   Labrador

bulldog   poodle

collie   pug

dalmatian   retriever

Great Dane   Yorkie

Eat Your Veggies

```
C C C C M U S H R O O M F
O A V L W T N O J G U O J
R K F O Z F P E P P E R A
N Q S H G W V A K C A T Y
M B L V R C U C U M B E R
G R S H E D J S V S J V M
M O R S E I I P B X H C K
R C R N N I P I I L W A V
E C O V B R Y N X Z V R Z
A O L P E A S A Y X E R M
X L T I A H G C Y J W O F
W I O T N S T H B W I T Y
C E L E R Y T I Y O B V U
```

broccoli   green bean

carrot   mushroom

celery   peas

corn   pepper

cucumber   spinach

Family Members

```
S U G C S M U L L Z L F I
A S C O V S I S T E R M B
U L Y U C G Z X C S I W G
N U P S Y R O T B W C J R
T Y D I N A R U R I Y F B
N R O N I N J M O M F N T
A G R A N D M O T H E R S
A W F U G F A P H I D O U
I A N I R A Y Y E A U O T
K T N M N T D E R H D K L
Q L R A L H A X M S Z F N
U N C L E E D N E P H E W
U U Q S I R U Y B H Z V N
```

aunt   grandmother

brother   mom

cousin   nephew

dad   sister

grandfather   uncle

Fruits

```
M A B Q U M A N G O G V Y
P X A L V F Q E R U I S W
T K N A G A J Z Z G K T J
S W A T E R M E L O N R Q
N E N X O O B I E L C A H
J M A Z K V L D M Z S W J
A F G X S V U R O W D B F
V O U N A R E B N J N E Y
K I W I V H B X X Z N R H
K Q V V D F E A Z G W R L
U N J H A I R H P T R Y I
D U T S N H R F Y S Q L M
Q C H E R R Y U A P P L E
```

apple lemon
banana lime
blueberry mango
cherry strawberry
kiwi watermelon

Geography

```
S T R E A M B T G O M T A
C K W H X C O T K I O U H
B F R P C G C Y J F U D F
V B X B W F E R Q W N X B
V O E X R O A D L B T J Y
U K N T O R N Q I L A K E
Y J N V E E J G V C I M C
T N D N X S B P A B N I B
A E D U R T M I L I C H H
R I V E R L Z B L W C I D
C U F W T D C M E T K L I
Q X F K W Y Z M Y I L L I
C N J V O L C A N O E G J
```

forest river

hill road

lake stream

mountain valley

ocean volcano

Holidays

```
G T L M O T H E R S D A Y
P H Q N E E A S T E R F N
V A L E N T I N E S D A Y
C N F W X R M U F H H T N
H K M Y X C M V H A O H K
R S H E J M O K A L G E W
I G C A W B A V N L V R O
S I J R F V B C U O I S R
T V P S K I R B K W L D D
M I K D F U R C K E W A V
A N E A L P L V A E E Y T
S G Q Y H C B S H N A G F
G F O U R T H O F J U L Y
```

Christmas   Hanukkah

Easter   Mother's Day

Father's Day   New Year's Day

Fourth of July   Thanksgiving

Halloween   Valentine's Day

In the Jungle

```
R B K S S G F C R A H Q P
Q U T R M M X S I V L N C
E G Y T M T A B V R O C T
O S I R S N A K E S Z M I
H U H E R V I U R P L O G
V I N E S J D D S Z A N E
R H A S F A F A E D M K R
N X Y L S M M O T T K E S
N D U N E T C W G W U Y L
R C R O C O D I L E S S G
D U P A Q W O A Z N M L H
Z B I R D S K B A P E S T
G B W X K G C J H W V G H
```

apes   rivers

birds   snakes

bugs   tigers

crocodiles   trees

monkeys   vines

In the Kitchen

```
H  H  X  D  I  S  H  W  A  S  H  E  R
O  O  T  P  S  P  A  N  T  R  Y  Q  G
V  A  R  M  T  P  G  L  E  I  F  I  H
E  X  P  I  O  R  D  Y  Z  Q  R  K  O
N  F  L  C  V  S  I  N  K  S  E  P  Z
Z  Q  J  R  E  N  S  J  K  S  E  V  P
P  C  G  O  Z  T  P  D  Y  C  Z  L  W
B  D  H  W  T  K  O  G  C  A  E  P  D
A  R  G  A  E  O  S  O  Q  G  R  C  F
R  Q  O  V  H  T  A  N  B  V  B  X  N
W  Q  X  E  J  S  L  O  S  R  O  X  W
X  C  U  P  B  O  A  R  D  J  F  U  A
Y  M  Z  T  R  P  E  F  R  I  D  G  E
```

cupboard   microwave

dishwasher   oven

disposal   pantry

freezer   sink

fridge   stove

Insects

```
Z M G N A T E F B H U N J
K M F I E L D L T E N L S
P O V T J J K Y Q E A A U
K S J A H F G I P K L D X
F Q R O A C H G U H B Y F
A U Y V G E T W W S F B C
C I Z G A T H D I M I U N
G T K U J B U U W O I G U
I O U K T E R M I T E R Z
A E M K C E U F E H G P H
K D F Q K A R H C I J N G
A N T Y G L Q K E W A S P
A V A M W F M P A G K G N
```

ant	mosquito
bee	moth
fly	roach
gnat	termite
ladybug	wasp

Let's Go to the Circus

```
B M E L E P H A N T R Y U
E X T K V Y Z Q Y V C X N
A Y U J A J K S E F O C Q
R I N G M A S T E R T S A
K Y F J I T N G U I T T C
L B X B E I K Z M E O Q R
X I D R H G L I O N N A O
N G A F I H R L H X C C B
Z T T S V T Y F Q Z A B A
D O V M F R F E W U N Z T
V P V C L O W N P Y D Z I
K B T R A P E Z E U Y W E
S I G Z R E O U O K J A V
```

acrobat	elephant
bear	lion
big top	ringmaster
clown	tightrope
cotton candy	trapeze

Mammals

```
Y Y I M Z P A N D A B C E
U C O W H X V H L V E P V
F T Z S N H U M Y P M E H
F C R Z M O D V D G U Q U
K A N G A R O O U F G R M
L T K P S X G G Y C I M A
K V B Q D Q W O C G R Q N
O G E K O A L A N L A R M
I N H D L Y O E K F F I F
P U G X P C Q O W L F X F
D Z B B H O R S E A E O G
T H L H I T U I C P T C O
W N B W N P M X V N Y F K
```

cat horse
cow human
dog kangaroo
dolphin koala
giraffe panda

Movie Theater

```
A C T R E S S L G I P F A
P C L Y L L Q G Y K O H Y
Q U E C O M E D Y L P F L
X V S H R L C L G B C B O
R T C U S B J J F P O H S
X P R E V I E W Q J R Z E
E V E Z S Q M Q E K N D A
T Y E A L G H I Y Y K C T
I C N C K B F S U B Q O C
C L E T I I C D R A M A O
K O S O D A Z U V C H O N
E Q D R J T A S N I L O Z
T A S K Z T I U Q M D U W
```

actor	preview
actress	screen
comedy	seat
drama	soda
popcorn	ticket

Numbers

```
I  Y  B  S  T  O  K  E  N  X  K  J  J
T  H  R  E  E  M  R  S  I  E  I  X  S
S  T  N  G  P  D  I  V  N  J  U  D  E
N  S  P  S  T  S  J  E  E  W  R  Q  V
Y  S  I  X  L  N  T  M  I  D  Z  Y  E
N  N  T  O  K  H  E  D  T  U  B  U  N
S  X  Z  C  E  L  N  V  C  B  F  F  H
J  A  T  W  O  Y  C  S  M  J  I  E  G
X  K  V  Y  J  U  B  C  N  Q  V  L  T
E  U  F  O  U  R  L  I  Z  S  E  T  I
W  V  G  N  X  W  E  I  G  H  T  M  Y
J  F  B  E  R  B  I  M  O  U  O  B  W
Q  D  F  U  Y  C  C  P  T  F  B  E  J
```

eight   seven

five   six

four   ten

nine   three

one   two

Nursery Rhyme Characters

```
T  H  S  T  J  L  H  X  O  B  H  G  D
I  J  A  C  K  F  U  P  U  U  F  D  C
M  O  N  L  P  B  M  W  Q  T  N  I  W
A  P  J  I  L  L  P  H  L  C  W  S  T
R  S  X  A  V  U  T  Q  J  H  E  H  Z
Y  Z  X  Q  Q  K  Y  A  C  E  Q  R  Q
X  P  A  J  Z  U  D  M  K  R  V  B  Q
W  M  I  S  S  M  U  F  F  E  T  G  J
B  M  S  L  T  U  M  W  M  M  T  N  U
A  X  Z  Y  C  A  P  S  P  O  O  N  H
K  S  K  Q  H  W  T  W  X  D  S  P  S
E  W  W  E  U  B  Y  K  G  Z  Q  Y  Q
R  O  C  M  U  F  F  I  N  M  A  N  T
```

baker   Jill

butcher   Mary

dish   Miss Muffet

Humpty Dumpty   Muffin Man

Jack   spoon

On a Calendar

```
B W E D N E S D A Y R H Y
J X A S P F R I D A Y Q X
G U K M O N T H X H F Z X
K G S P J T U E S D A Y A
E S A T U R D A Y V R O C
Y B S T X V Q T U H D W F
T N U V M O Q H T A T E L
Z N N A O I V U E U C E K
Z L D S N H S R H R E K F
Y Y A S D J A S M I S E P
E X Y Z A Q K D E X N N X
A W A B Y B Q A D C K D N
R Q C O C O I Y O I I T R
```

Friday   Thursday

Monday   Tuesday

month   Wednesday

Saturday   weekend

Sunday   year

On the Farm

```
R H E N H Z B P I G E Z G
Z X K U B N U P F A T P C
R B F I F U M T X D A A L
T A I W K N S R Z H Q W H
W R J E P M I A T M M O A
L N X L T S N C E J B V Y
B R A E S S I T V N O H E
R O O S T E R O E S P J W
Y G V D Y M A R H R L Q Y
H D X O O C Q X C W O R N
H H Z J Y N H M C R W N W
G F A R M E R Q K U J Y I
N T K C V O R D C O O P M
```

barn	pig
coop	plow
farmer	rooster
hay	sty
hen	tractor

On the Playground

```
D A M B Z D P A R E N T S
J Z E F K P B I L O S L M
U B R M O N K E Y B A R S
N C R U B F J U Z M N H P
G V Y O K I D S Y L D A Y
L J G A S Z P H P J B E W
E J O E M G T T N X O S F
G Z R O S W I N G S X Q S
Y R O M L K D L G L C H E
M K U F P Z B U Y I F H E
Q A N F W R X D B D J K S
K R D V B U Z F V E N V A
S T R O L L E R S I F P W
```

jungle gym	sandbox
kids	seesaw
merry-go-round	slide
monkey bars	strollers
parents	swings

Outer Space

```
J P M H Y Q A C R C P F L
P G S I G S P L A N E T S
Z M Y R U Y J N T F M T I
S E L W G X G A L A X Y V
P T S J S U N M Y G A J O
A E G A S T R O N A U T S
C O P D L W Y A V H X O T
E R P C N Q C L N X Z B A
S Y U E H T O I M S P G R
H X O B A S M E U V G P S
I Y U W O S E N O R B I T
P Z N V V C T X L R D G N
D V V O Y E U E T P U S Q
```

alien   orbit
astronaut   planets
comet   spaceship
galaxy   stars
meteor   sun

Pets

```
D F I S H F K B C X T F W
K U B S Y T V M O U S E E
F V E F W X D G B N R R C
Q G L P Z U Z M Z K N R O
Z S G D O G O C T T U E S
C N A Y F P B E D U B T B
A E D M Q R O W T R W C Z
T F K E M E U K A T Q G G
Q H V W U E E K J L J R E
H U B B H A M S T E R O R
P J I O N Z C R Q M H T B
G Y R A B B I T S X G G I
Z B D J U W A N M E T K L
```

bird   gerbil

cat   hamster

dog   mouse

ferret   rabbit

fish   turtle

Playing Cards

```
T J U C M J F X O I B A K
K J L E V E R X D Y W C F
D U P S G Z Q N F O A E Q
N N K P X S H D E U X E O
O D I A M O N D B Z X J C
U Y V D R E M T F J C A P
R U Q E J Q X Q G A N Z F
X O U X I L B T O C X J H
L D E A L S K S A K X B E
P W E I J O K E R D Z S A
N R N P L Q L F N R E M R
N J W Q V V O B K I N G T
W C L U B P H A D T Q D J
```

ace	jack
club	joker
deal	king
diamond	queen
heart	spade

Playtime

```
D E D G F L X B Y Z O Q I
O R R V R N D L D U B U C
L X E C R A Y O N S Q G O
L S S Q H A T C A R D S L
H Y S G O X P K J D N A O
O S U I O T R S Q R X J R
U R P T E D D Y B E A R I
S F K T L H X M B O W V N
E B M O D E L P L A N E G
R Q Z Y S J G X X U S I B
D E B C E Q S E F R U V O
K T E A P A R T Y V R U O
J Y U R X A V L G U M P K
```

blocks	dress-up
cards	model plane
coloring book	teddy bear
crayons	tea party
dollhouse	toy car

Rainy Day

```
U P U D D L E E J G K C S
F V C Y X R A I N H A T P
F S E B D M S V S E F X L
Z R A I N D R O P O Q F A
K R R O J Y B C N V C E S
R W A K X G O E U L Q S H
S Q I U F U O E M H N T B
R G N X A S T M B J T H I
A A B E Q U S E R E G U Q
C L O U D T C M E T T N T
P H W C B D M H L Y N D I
S M N U G Y R O L Y Z E V
L A R A I N C O A T K R Z
```

boots   raincoat

cloud   raindrop

puddle   splash

rain hat   thunder

rainbow   umbrella

Ready for Bed

```
T C L G D A R K E H R B D
Y K P V M O O L B B U X R
Q O I Y S Q C F E N F T E
N S L E E P Z G D C T P A
S I L A V O O D G E E F M
T S O C L U B E W F D M O
O S W H D T T I X H D Y I
R Y L T U C K I N H Y W V
Y Y A N Q M S X O K B M S
N I G H T L I G H T E U M
X G K G H W S T Z K A H D
T R G Z A J B Z M B R A I
B O B O O K F Q U G K N Q
```

bed   pillow

book   sleep

dark   story

dream   teddy bear

night-light   tuck in

Road Trip

```
H M R P S E A T B E L T B
I L V K T O T W Z W J V R
G Y X S N A C K S S I Y X
H T A G O A R S O U C A R
W D T A G A F I N M T R A
A G Q S V L M E G V E H P
Y X T S K H A G S U V O L
M L Q T U Z P Z R M S N J
M O I A C O V J Y N A K M
Y H O T E L K R X R L J Z
U B D I P O I T A Y D C K
G O H O R D L G A M E S R
V M I N B L E L O T T T H
```

car   hotel
games   map
gas station seat belt
highway   snacks
honk   songs

School Time

```
J J K Y Y J J T E U M M Q
M E V X U J Q N R A X U G
I E H G Y A E N G L I S H
B N K A A R G D N H L I T
M E M R B T U G S O K C E
B E Y H B Y N B M M C P A
M S X I G E R B B E K U C
C L A S S R O O M W Y S H
E V X T G Y M Z W O X E E
X F Q O L R I U W R J Y R
C M V R O M A T H K Z T U
R P I Y N R D W T O K I R
S Y S C I E N C E V O N Y
```

art
classroom
English
gym
history

homework
math
music
science
teacher

Shapes

```
M E S F I L C I J V P N E
F H O C T A G O N A N J Z
D P W C Y R P G H E A R T
H W X A J E B G I P K B S
C D M D M C Y P P D N O Q
I J S I S T Y C G L R Y U
R T B A L A A G Q U H C A
C W T M U N O V A L Y U R
L T W O T G E N W H L B E
E O B N J L I O W X S E C
R Z G D X E M Q V C Y F L
E E S P H E R E L R T N H
H I C T R I A N G L E H J
```

circle   oval

cube   rectangle

diamond   sphere

heart   square

octagon   triangle

Snacks

```
P V V E G E T A B L E S C
O B N P N L P N M Y R J M
P A D O E C R A C K E R S
C V W T D B E B W C A G E
O R O A W W T F P H J R Y
R O D T X Q Z I G E T A E
N P U O R O E U X E G N U
Q M N C T H L L O S J O P
W P R H F G S R L E B L G
C Z M I L K T A Q C O A L
G A P P L E S A U C E B B
T E L S Y A W M G Q U A L
P E A N U T S M U A A R H
```

applesauce   peanuts

cheese   popcorn

crackers   potato chips

granola bar   pretzels

milk   vegetables

Sound-Alikes

```
P B P O L U P F P N C N F
B P L A N E N O D E A R R
J I J D X C Y E R O O B E
H Y R U C Z S N R H W F G
C H T G Z P A L L D F G X
W R O R L L Y S H E A R M
Q H O C X A R M O E L C U
O P L Y L I G Z B R S C O
Z S Z L Y N L S Y C F D R
H X K Y H M J S N Q X S E
E L O N D T K C M E G V P
R Z J C D V W X R L Y P L
E Y J O A R R H V T W O M
```

dear   ore

deer   plain

hear   plane

here   too

oar   two

Sounds

```
H J C W J E N Z O Z S Z R
N V U M P C N O C K D O S
P Z F B O O M R L D V O Q
N N H C W M Z C A B L M O
V D D L B K L H N K M M P
W V A X S V I R G M A B L
Z V L H M B B R Z N R A I
G K C R A S H G X S K N W
D N K F S W U J J L K G I
N J E Y H I I O J G V P Y
T F S V K U L M M Y K C L
W H O O S H P H Q J P O P
G G R Y E T H U D H J M Z
```

bang   pow
boom   smash
clang   thud
crash   whoosh
pop   zoom

Sports

```
P E T E N N I S T P Y D K
W R E S T L I N G N B N X
O S S G C S T C H O A J G
U W G G H B U E X O S C Y
L I N E G A E S E I E U M
I M I Z H S G O L F B E N
X M J F K K P C M D A P A
U I J N L E I C B O L Q S
K N G I P T F E W C L T T
N G Z F B B U R E Y Q X I
F O O T B A L L M R J A C
Q Z T N S L L X O J X E S
L Z V O L L E Y B A L L T
```

baseball   soccer

basketball   swimming

football   tennis

golf   volleyball

gymnastics   wrestling

Things That Go

```
S C O O T E R L V R S D U
A L W S S O L N R Z T D M
S X S K A T E B O A R D Z
B J S V P Q Z K L W U Z G
U P P H W D M U L U C M X
S U I Y V W A T E U K D R
F B I K E V R N R M T N T
Z O E P K K L V S A U P R
O A C A L B W S K U Z U A
C T T E U Z G C A R W T I
W Z S C B K D O T A D T N
B S X Q O T V Z E A G O G
S D P L A N E Z S E I L U
```

bike	roller skates
boat	scooter
bus	skateboard
car	train
plane	truck

Time

```
D I A N W D I O U L S Z S
N O O N V I H F R Z U P U
C E Z L D N Q U K B N S N
J I M O R N I N G X R V S
T O T A Q E O B G Z I N E
D U S K S R E T U N S R T
R F N V F T B X N E E N T
P L A Y T I M E V S M U N
B O I L H M Q Z I S D P I
B D E W Y E O R Q G T O G
I A E H I K W S Y S B Z H
B W H Q X Q H X H A E O T
A N F B B E D T I M E X A
```

bedtime   night
dawn   noon
dinnertime   playtime
dusk   sunrise
morning   sunset

Weather

```
K V F N C S H T F E Y M P
V H S W I N D Y Y T W X R
N A B Q C O T Z R A I N Y
U Z L C B W R V E H U S N
S Y F E U Y V S W W I V B
W A K B F A N U N J L D R
Y C O Z W R C N V J L N E
U O X S M K F N U H I H E
Y Y E K T I B Y C V F J Z
T J C F D B K C Q O G R Y
X H O T P J C L O U D Y A
W L L A U C R G V R E N K
O Z D U S C C L E A R N O
```

breezy   hot

clear   rainy

cloudy   snowy

cold   sunny

hazy   windy

Writing a Letter

```
S O G R E E T I N G M A L
I F S B Q A S T O P T D X
G X D A T E Y U P U F D R
N T J T O J B S A F S R H
A Y I T W W I U P T U E S
T E P Q Q M W H E T Q S I
U N F O Y X F K R X I S R
R V E K O D K A I N K A P
E E B P O S T O F F I C E
B L F R C U N U E Q Y Y N
P O D M A I L B O X I R X
H P H F S P J M Y Z V Q M
V E S D L Y U S T A M P X
```

address	paper
date	pen
envelope	post office
greeting	signature
mailbox	stamp

1 Around the House

2 At the Beach

3 Baby Animals

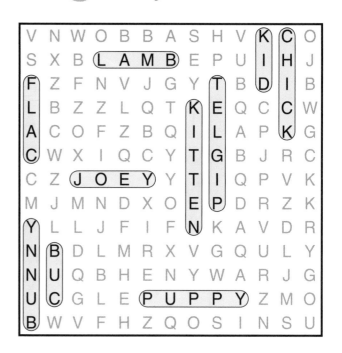

4 Baking

5 Bath Time

7 Birthday Party

6 Birds

8 Body Parts

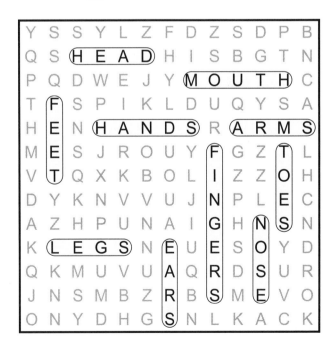

9 Breakfast

D	Q	M	I	L	K	A	R	C	S	A	F	B
A	C	F	I	K	V	R	Z	A	I	K	O	A
U	E	F	J	D	F	B	T	S	F	T	P	C
I	R	Y	M	U	F	F	I	N	Y	M	P	O
G	E	H	K	O	N	V	R	M	P	O	V	N
B	A	G	E	L	G	V	H	C	T	W	Q	F
S	L	O	W	J	U	I	C	E	P	A	G	T
O	U	P	V	B	G	S	Q	X	K	F	T	O
U	O	E	A	O	A	E	N	J	C	F	W	A
R	V	G	L	P	Y	I	F	S	K	L	J	S
C	O	G	Y	P	A	N	C	A	K	E	S	T
V	P	S	R	E	N	L	R	D	E	S	Y	D
M	O	A	X	S	V	W	C	J	R	I	G	N

11 Clothing

Q	R	C	K	P	I	W	O	K	V	V	J	P
K	H	E	H	W	Q	L	E	Z	G	S	J	U
H	R	D	A	G	T	M	K	X	B	H	N	Y
W	P	B	T	C	J	W	P	Z	S	O	G	V
L	U	M	P	S	W	E	A	T	E	R	B	D
K	V	V	S	B	Z	G	N	Y	E	T	G	T
T	M	S	H	I	R	T	T	C	O	S	F	B
S	S	S	O	I	Y	T	S	J	F	D	X	U
O	D	R	E	S	S	U	A	R	B	Z	G	J
C	E	A	S	V	R	J	J	A	C	K	E	T
K	A	S	I	S	K	I	R	T	Q	J	D	B
S	L	I	B	A	I	A	U	X	O	D	N	G
W	Z	M	R	M	F	R	R	Q	W	S	K	W

10 Candy

F	C	H	O	C	O	L	A	T	E	T	N	Z
U	D	I	W	Q	L	Z	G	A	U	V	T	M
B	X	T	A	F	F	Y	U	A	S	K	J	W
U	H	S	C	V	Q	N	M	E	E	J	E	R
B	K	R	A	M	Q	K	D	C	F	T	L	H
P	E	A	N	U	T	B	R	I	T	T	L	E
V	S	E	D	U	T	C	O	R	M	F	Y	S
Z	S	B	Y	E	L	F	P	O	J	Q	B	T
S	W	Y	C	X	Q	K	S	C	R	D	E	O
Z	P	M	A	B	B	P	O	I	I	K	A	H
F	P	M	N	B	T	N	D	L	M	C	N	D
T	G	U	E	L	H	O	O	J	D	Z	S	E
R	R	G	S	O	U	R	B	E	L	T	S	R

12 Colors

A	J	O	R	N	P	A	W	R	X	S	U	X
I	P	G	R	E	E	N	G	E	T	J	T	R
I	Y	E	L	L	O	W	W	Q	L	O	L	O
B	G	I	C	S	F	G	H	U	Q	K	I	C
R	D	I	M	O	U	S	I	V	I	K	U	O
O	F	B	U	P	R	G	T	T	C	L	X	T
W	B	L	H	D	R	T	E	Y	C	P	W	P
N	X	U	Q	O	H	K	P	B	I	I	X	U
L	H	E	B	L	A	C	K	K	B	N	B	R
B	H	O	R	A	N	G	E	M	F	K	L	P
V	Q	V	Q	U	Y	L	F	J	W	Y	I	L
Y	M	Z	G	R	O	X	P	W	Z	F	J	E
B	B	K	C	C	W	O	J	M	R	E	D	D

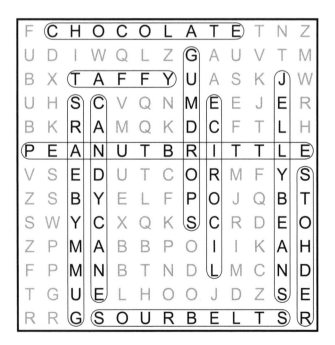

13 Dessert

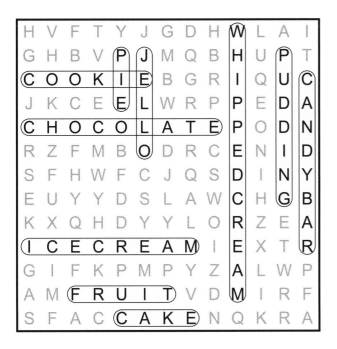

```
H V F T Y J G D H W L A I
G H B V P J M Q B H U P T
C O O K I E B G R I Q U C
J K C E L W R P E D D A A
C H O C O L A T E P D N N
R Z F M B O D R C E N D D
S F H W F C J Q S D I G Y
E U Y Y D S L A W C H B B
K X Q H D Y Y L O R Z E A
I C E C R E A M I E X T R
G I F K P M P Y Z A L W P
A M F R U I T V D M I R F
S F A C C A K E N Q K R A
```

14 Dinnertime

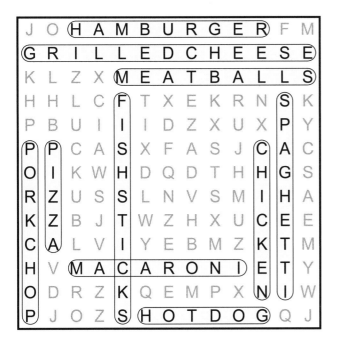

```
J O H A M B U R G E R F M
G R I L L E D C H E E S E
K L Z X M E A T B A L L S
H H L C F T X E K R N S K
P B U I I D Z X U X P Y
P P C A S X F A S J C A C
O I K W H D Q D T H H G S
R Z U S S L N V S M I H P
K A B J T W Z H X U C E A
C L V I Y E B M Z K E T G
H M A C A R O N I E N T Y
O D R Z K Q E M P X S T I W
P J O Z S H O T D O G Q J
```

15 Dogs

```
D N B U L L D O G U Z H P
Q N G K T Q L D A A V M W
A P D E B C O L L I E L Y
N N P X W D F A B P Z Y O
J S W B E A G L E O O V R
S Z C N J L C L C Q E T K
H V H G O M I W N D I R I
C L A B R A D O R L E R E
Y L R Y R T B X X E U I V
B D T I C I K W A G P V E
T X Z W P A Z P Q F U G V
X C U C P N A E S H G E R
G R E A T D A N E Z P R V
```

16 Eat Your Veggies

```
C C C C M U S H R O O M F
O A V L W T N O J G U O J
R K F O Z F P E P P E R A
N Q S H G W V A K C A T Y
M B L V G R E C U C U M B E R
G R O S H E D J S V S J V M
M O C R S E I I P B X H C K
R C O R N I B P I N A C H C
E C O V B R Y N A Y X E A R
A O L P E A S A C J W O R
X L T I A H G C H B W I R O
W I O T N S T H B W I T T
C E L E R Y T I Y O B V U
```

17 Family Members

S	U	G	C	S	M	U	L	L	Z	L	F	I	
A	S	C	O	V	S	I	S	T	E	R	M	B	
A	U	L	U	C	G	Z	X	C	S	I	W	G	
U	L	Y	S	C	G	Z	X	C	S	I	W	G	
N	U	P	I	G	R	A	N	B	W	C	J	R	
T	Y	D	N	A	R	U	R	R	I	Y	F	B	
N	R	O	N	J	M	O	M	F	N	T			
A	G	R	A	N	D	M	O	T	H	E	R	S	
A	W	F	U	G	F	A	P	H	I	D	O	U	
I	A	N	I	R	A	T	Y	Y	E	A	U	O	T
K	T	N	M	N	T	H	D	E	R	H	D	K	L
Q	L	R	A	L	H	E	D	A	X	M	S	Z	F
U	N	C	L	E	E	R	D	N	E	P	H	E	W
U	U	Q	S	I	R	U	Y	B	H	Z	V	N	

18 Fruits

M	A	B	Q	U	M	A	N	G	O	G	V	Y
P	X	A	L	V	F	Q	E	R	U	S	W	
T	K	N	A	G	A	J	Z	Z	G	K	T	J
S	W	A	T	E	R	M	E	L	O	N	R	Q
N	E	N	X	O	O	B	I	E	L	C	A	W
J	M	A	Z	K	V	L	D	E	M	Z	S	J
A	F	G	X	S	V	U	R	O	W	D	B	F
V	O	U	N	A	R	E	B	N	J	N	E	Y
K	I	W	I	V	H	B	X	X	Z	N	R	H
K	Q	V	V	D	F	E	A	Z	G	W	R	L
U	N	J	H	A	I	R	H	P	T	R	Y	I
D	U	T	S	N	H	R	F	Y	S	Q	L	M
Q	C	H	E	R	R	Y	U	A	P	P	L	E

19 Geography

S	T	R	E	A	M	B	T	G	O	M	T	A
C	K	W	H	X	C	O	T	K	I	O	U	H
B	F	R	P	C	G	C	Y	J	F	U	D	F
V	B	X	B	W	E	E	R	Q	W	N	X	B
V	O	E	X	F	E	A	D	L	B	T	J	Y
U	K	N	T	O	R	N	Q	I	L	A	K	E
Y	J	N	V	E	E	J	G	C	I	M	C	
T	N	D	N	X	S	B	V	A	B	N	I	
A	E	D	U	R	T	M	I	L	I	C	H	
R	I	V	E	R	L	Z	B	L	W	C	I	D
C	U	F	W	T	D	C	M	E	T	K	L	
G	X	F	K	W	Y	Z	M	Y	I	L	L	I
C	N	J	V	O	L	C	A	N	O	E	G	J

20 Holidays

G	T	L	M	O	T	H	E	R	S	D	A	Y
P	H	Q	N	E	E	A	S	T	E	R	F	N
V	A	L	E	N	T	I	N	E	S	D	A	Y
C	N	F	W	X	R	M	U	F	H	T	H	N
H	K	M	Y	X	C	M	V	A	A	L	E	K
R	S	H	E	J	M	O	K	N	L	E	R	O
I	G	C	A	W	B	A	V	U	L	S	S	R
S	I	V	R	S	K	I	R	K	O	D	D	O
T	V	P	S	D	F	U	R	K	W	A	A	
M	I	E	A	L	P	L	V	A	E	Y	T	
A	N	A	Y	H	C	B	S	H	N	A	G	F
S	G	Q	Y									
G	F	O	U	R	T	H	O	F	J	U	L	Y

21 In the Jungle

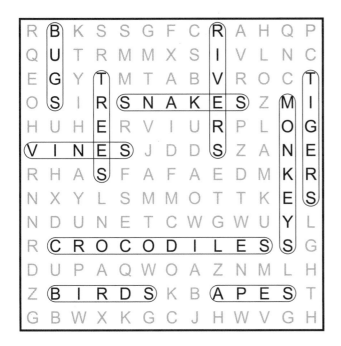

R	B	K	S	S	G	F	C	R	A	H	Q	P
Q	U	T	R	M	M	X	S	I	V	L	N	C
E	G	Y	T	M	T	A	B	V	R	O	C	T
O	S	I	R	S	N	A	K	E	S	Z	M	I
H	U	H	E	R	V	I	U	R	P	L	O	G
V	I	N	E	S	J	D	D	S	Z	A	N	E
R	H	A	S	F	A	F	A	E	D	M	K	R
N	X	Y	L	S	M	M	O	T	T	K	E	S
N	D	U	N	E	T	C	W	G	W	U	Y	L
R	C	R	O	C	O	D	I	L	E	S	S	G
D	U	P	A	Q	W	O	A	Z	N	M	L	H
Z	B	I	R	D	S	K	B	A	P	E	S	T
G	B	W	X	K	G	C	J	H	W	V	G	H

22 In the Kitchen

H	H	X	D	I	S	H	W	A	S	H	E	R
O	O	T	P	S	P	A	N	T	R	Y	Q	G
V	A	R	M	T	P	G	L	E	I	F	I	H
E	X	P	I	O	R	D	Y	Z	Q	R	K	O
N	F	L	C	V	S	I	N	K	S	E	P	Z
Z	Q	J	R	E	N	S	J	K	S	E	V	P
P	C	G	O	Z	T	P	D	Y	C	Z	L	W
B	D	H	W	T	K	O	G	C	A	E	P	D
A	R	G	A	E	O	S	O	Q	G	R	C	F
R	Q	O	V	H	T	A	N	B	V	B	X	N
W	Q	X	E	J	S	L	O	S	R	O	X	W
X	C	U	P	B	O	A	R	D	J	F	U	A
Y	M	Z	T	R	P	E	F	R	I	D	G	E

23 Insects

Z	M	G	N	A	T	E	F	B	H	U	N	J
K	M	F	I	E	L	D	L	T	E	N	L	S
P	O	V	T	J	J	K	Y	Q	E	A	A	U
K	S	J	A	H	F	G	I	P	K	L	D	X
F	Q	R	O	A	C	H	G	U	H	B	Y	F
A	U	Y	V	G	E	T	W	W	S	F	B	C
C	I	Z	G	A	T	H	D	I	M	I	U	N
G	T	K	U	J	B	U	U	W	O	I	G	U
I	O	U	K	T	E	R	M	I	T	E	R	Z
A	E	M	K	C	E	U	F	E	H	G	P	H
K	D	F	Q	K	A	R	H	C	I	J	N	G
A	N	T	Y	G	L	Q	K	E	W	A	S	P
A	V	A	M	W	F	M	P	A	G	K	G	N

24 Let's Go to the Circus

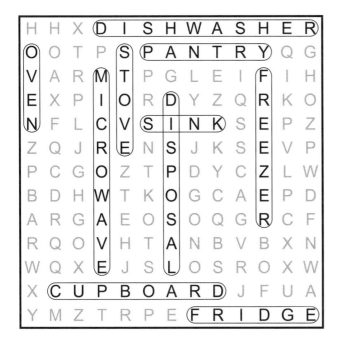

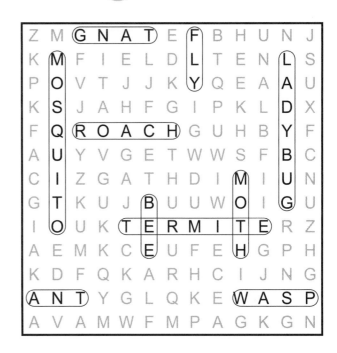

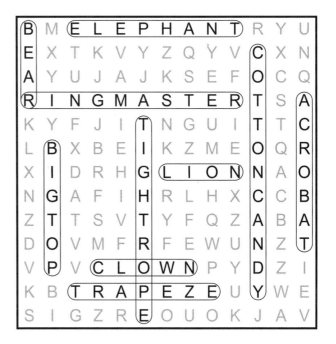

B	M	E	L	E	P	H	A	N	T	R	Y	U
E	X	T	K	V	Y	Z	Q	Y	V	C	X	N
A	Y	U	J	A	J	K	S	E	F	O	C	Q
R	I	N	G	M	A	S	T	E	R	T	S	A
K	Y	F	J	I	T	N	G	U	I	T	T	C
L	B	X	B	E	I	K	Z	M	E	O	Q	R
X	I	D	R	H	G	L	I	O	N	N	A	O
N	G	A	F	I	H	R	L	H	X	C	C	B
Z	T	T	S	V	T	Y	F	Q	Z	A	B	A
D	O	V	M	F	R	F	E	W	U	N	Z	T
V	P	V	C	L	O	W	N	P	Y	D	Z	I
K	B	T	R	A	P	E	Z	E	U	Y	W	E
S	I	G	Z	R	E	O	U	O	K	J	A	V

25 Mammals

27 Numbers

26 Movie Theater

28 Nursery Rhyme Characters

29 On a Calendar

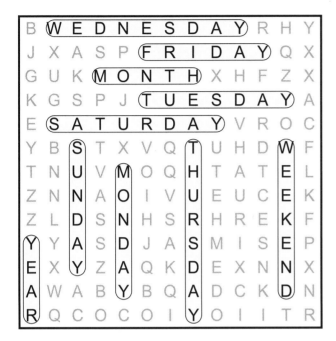

30 On the Farm

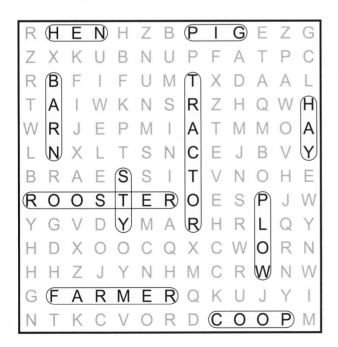

31 On the Playground

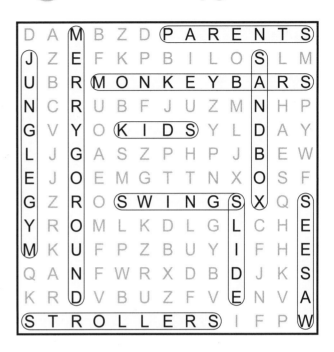

32 Outer Space

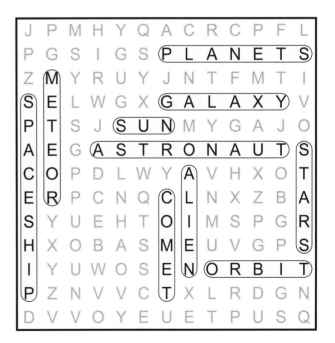

33 Pets

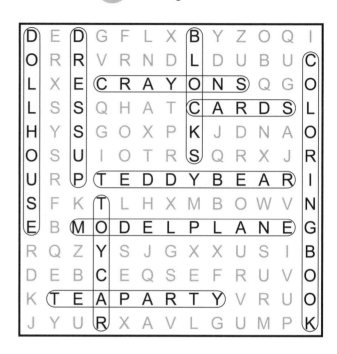

```
D F I S H F K B C X T F W
K U B S Y T V M O U S E E C
F V E F W X D G B N R R R C
Q G L P Z U Z M Z K N R E
Z S G D O G O C T U E S
C N A Y F P B E D U R T U B
A E D M Q R O W T R T W C Z
T F K E M E U K A T Q G G G
Q H V W U E E K J L J R E R
H U B B H A M S T E R O B
P J I O N Z C R Q M H T I
G Y R A B B I T S X G G I L
Z B D J U W A N M E T K L
```

35 Playtime

```
D E D G F L X B Y Z Q I
O R E R V R N D L D U B U
L X E S Q H A T C A R D S Q G O
L S S G O X P K J D N A
H Y S U I O T R S Q R X J
O U R P T E D D Y B E A R I
U S F K T L H X M B O W V N
S E B M O D E L P L A N E G
E R Q Z Y S J G X X U S I
D E B C E Q S E F R U V
K T E A P A R T Y V R U O
J Y U R X A V L G U M P K
```

34 Playing Cards

```
T J U C M J F X O I B A K
K J L E V E R X D Y W C C F
D U P S G Z Q N F O A E Q
N N K P X S H D E U X E O
O D I A M O N D B Z X J C
U Y V D R E M T F J C A P
R U Q U E J Q X Q G A N Z F
X O U X I L B T O C K J H
L D E A L S K S A K X B E
P W E I J O K E R D Z S A
N R N P L Q L F N R E M R
N J W Q V V O B K I N G T
W C L U B P H A D T Q D J
```

36 Rainy Day

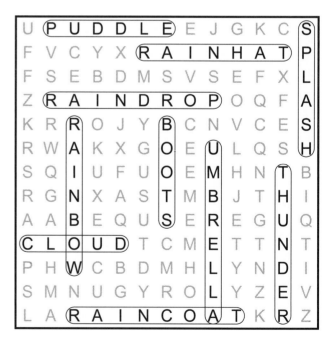

```
U P U D D L E E J G K C S
F V C Y X R A I N H A T P
F S E B D M S V S E F X L
Z R A I N D R O P O Q F A
K R R O J B C N V C E S
R W A K X G O E U L Q S H
S Q I U F U O M B J T B
R G N X A S T R E G Q I
A A B E Q U S E R E G U Q
C L O U D T C M E T T T
P H W C B D M H L Y N D I
S M N U G Y R O L Y Z E I
L A R A I N C O A T K R Z
```

37 Ready for Bed

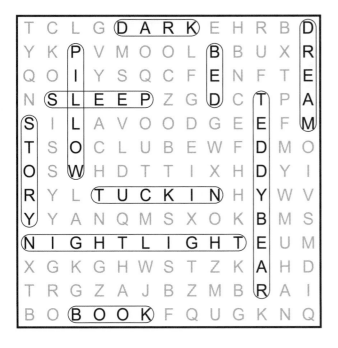

38 Road Trip

39 School Time

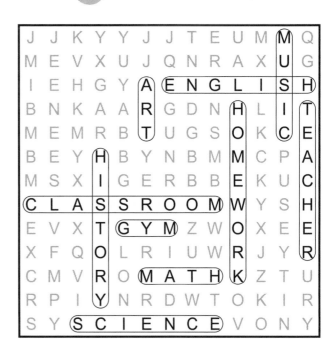

40 Shapes

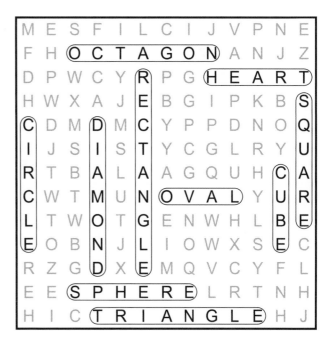

41 Snacks

```
P V V E G E T A B L E S C
O B N P N L P N M Y R J M
P A D O E C R A C K E R S
C V W T D B E B W C A G E
O R O A W W T F P H J R Y
R O D T X Q Z I G E T A E
N P U O R O E U X E G N U
Q M N C T H L L O S J O L
W P R H F G S R L E B L A
C Z M I L K T A Q C O A L
G A P P L E S A U C E B B
T E L S Y A W M G Q U A L
P E A N U T S M U A A R H
```

43 Sounds

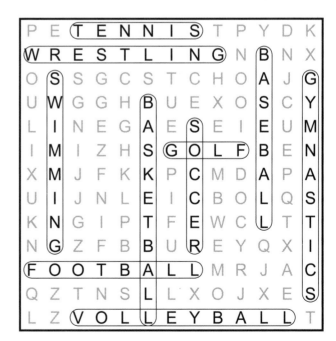

```
H J C W J E N Z O Z S Z R
N V U M P C N O C K D O S
P Z F B O O M R L A D V Q
N N H C W M Z C A B L M O
V D D L B K L H C M K M P
W V A X S V I R G M A B L
Z V L H M B B R Z N R A I
G K C R A S H G S G X N W
D N K F S W U J J L K G I
N J E Y H I I O J G V P Y
T F S V K U L M M Y K C L
W H O O S H P H Q J P O P
G G R Y E T H U D H J M Z
```

42 Sound-Alikes

```
P B P O L U P F P N C N F
B P L A N E N O D E A R R
J I J D X C Y E R O O B E
H Y R U C Z S N R H W F G
C H T G Z P A L L D F G X
W R O O R L L Y S H E A R M
Q H O C X A R M O E L C U
O P L Y L L I G Z B R S C O
Z S Z L Y N L S Y C F D R E
H X K Y H M J S N Q X S E
E L O N D T K C M E G V P
R Z J C D V W X R L Y P L
E Y J O A R R H V T W O M
```

44 Sports

```
P E T E N N I S T P Y D K
W R E S T L I N G N B N X
O S S G C S T C H O A J G
U W G G H B U E X O S C Y
L I N E G A S E S E I M
I M I Z H S G O L F B A A S
X M J F K P C M D A L Q T
U I J N L E I C B O L Q A I
K N G I P T F E W C L T C
N G Z F B B U R E Y Q X S
F O O T B A L L M R J A C
Q Z T N S L L X O J X E S
L Z V O L L E Y B A L L T
```

45 Things That Go

S	C	O	O	T	E	R	L	V	R	S	D	U
A	L	W	S	S	O	L	N	R	Z	T	D	M
S	X	S	K	A	T	E	B	O	A	R	D	Z
B	J	S	V	P	Q	Z	K	L	W	U	C	G
U	P	P	H	W	D	M	U	L	U	C	K	X
S	U	I	Y	V	W	A	T	E	U	K	C	R
F	B	I	K	E	V	R	N	R	M	T	N	T
Z	O	E	P	K	K	L	V	S	A	U	P	R
O	A	C	A	L	B	W	S	K	U	Z	U	A
C	T	T	E	U	Z	G	C	A	R	W	T	I
W	Z	S	C	B	K	D	O	T	A	D	T	N
B	S	X	Q	O	T	V	Z	E	A	G	O	G
S	D	P	L	A	N	E	Z	S	E	I	L	U

47 Weather

K	V	F	N	C	S	H	T	F	E	Y	M	P
V	H	S	W	I	N	D	Y	Y	T	W	X	R
N	A	Z	B	Q	C	O	T	Z	R	A	I	N	Y
U	Z	L	C	B	W	R	V	E	H	U	S	N
S	Y	F	E	U	Y	S	W	W	I	V	B
W	A	K	B	F	A	N	U	N	J	L	D	R
Y	C	O	Z	W	R	C	N	V	J	L	N	E
U	O	X	S	M	K	F	N	U	H	I	H	E
Y	Y	E	K	T	I	B	Y	C	V	F	J	Z
T	J	C	F	D	B	K	C	Q	O	G	R	Y
X	H	O	T	P	J	C	L	O	U	D	Y	A
W	L	L	A	U	C	R	G	V	R	E	N	K
O	Z	D	U	S	C	C	L	E	A	R	N	O

46 Time

D	I	A	N	W	D	I	O	U	L	S	Z	S
N	O	O	N	V	I	H	F	R	Z	U	P	U
C	E	Z	L	D	N	Q	U	K	B	N	S	N
J	I	M	O	R	N	I	N	G	X	R	V	S
T	O	T	A	Q	E	O	B	G	Z	I	N	E
D	U	S	K	S	R	E	T	U	N	S	R	T
R	F	N	V	F	T	B	X	N	E	E	N	T
P	L	A	Y	T	I	M	E	V	S	M	U	N
B	O	I	L	H	M	Q	Z	I	S	D	P	I
B	D	E	W	Y	E	O	R	Q	G	T	O	G
I	A	E	H	I	K	W	S	Y	S	B	Z	H
B	W	H	Q	X	Q	H	X	H	A	E	O	T
A	N	F	B	B	E	D	T	I	M	E	X	A

48 Writing a Letter

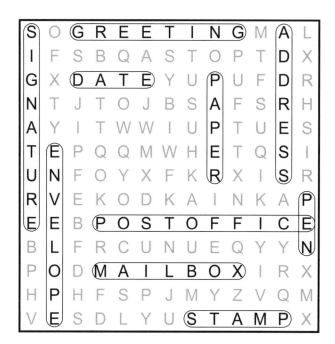

S	O	G	R	E	E	T	I	N	G	M	A	L
I	F	S	B	Q	A	S	T	O	P	T	D	X
G	X	D	A	T	E	Y	U	P	U	F	D	R
N	T	J	T	O	J	B	S	A	F	S	R	H
A	Y	I	T	W	W	I	U	P	T	U	E	S
T	E	P	Q	Q	M	W	H	E	T	Q	S	I
U	N	F	O	Y	X	F	K	R	X	I	S	P
R	V	E	K	O	D	K	A	I	N	K	A	E
E	E	B	P	O	S	T	O	F	F	I	C	E
B	L	F	R	C	U	N	U	E	Q	Y	X	N
P	O	D	M	A	I	L	B	O	X	I	R	X
H	P	H	F	S	P	J	M	Y	Z	V	Q	M
V	E	S	D	L	Y	U	S	T	A	M	P	X